LA PEUR
DE MA VIE

LA PEUR DE MA VIE

L'éditeur a tenu à respecter les particularités linguistiques des auteurs qui viennent de toutes les régions de la francophonie. Cette variété constitue une grande richesse pour la collection.

Directrice de collection : **Françoise Ligier**
Maquette de la couverture : **Marie-France Leroux**
Mise en page : **Mégatexte**

© Copyright 1991, 1999
Éditions Hurtubise HMH ltée
1815, avenue De Lorimier
Montréal (Québec)
H2K 3W6 CANADA
Téléphone : (514) 523-1523

ISBN 2-89045-896-2

Imprimé au Canada

LA PEUR DE MA VIE

Paul De Grosbois

Illustré par
Bruno St-Aubin

Collection Plus
dirigée par Françoise Ligier

Paul DE GROSBOIS

Paul De Grosbois est né à Montréal (Canada) en 1948.

— Paul De Grosbois pourquoi écrivez-vous?

— J'ai toujours aimé raconter des histoires aux enfants; j'ai raconté des histoires aux enfants de ma classe... et puis, un jour j'ai écrit une aventure pour mes propres enfants; ce récit est devenu mon premier roman.

— D'où vient votre inspiration?

— Je construis mon intrigue à partir de petits incidents de la vie quotidienne. J'ajoute quelques aventures, un peu de suspense et une bonne dose d'humour.

Parmi les livres qu'il a publiés, on trouve les titres suivants :

Les Initiés de la Pointe-aux-Cageux, *Métro Caverne*, *Le Mystère de la rue Duluth*, *Vols de rêves*, *Le Cratère du lac Lyster*.

*J*e m'appelle Philippe et j'ai dix ans. J'aime le chocolat, mes amis, mon chat et les biscuits; je n'aime pas beaucoup l'école sauf quand il y a des concours.

Le mois dernier, un lundi matin, j'arrive à l'école encore un peu endormi; il y a partout de belles affiches colorées : c'est la semaine de l'environnement et l'école organise des jeux, un bal costumé et un concours de cerfs-volants; bien sûr nos créations doivent voler mais l'affiche dit aussi que les juges vont accorder des points pour l'originalité de la forme et le

choix des couleurs. Je m'inscris
immédiatement.

*J*e réfléchis quelques jours avant de me mettre au travail. Sur le chemin de l'école, je regarde souvent les immeubles à logements; je me dis que mon cerf-volant va voler aussi haut que ces édifices.

Le samedi suivant, mon frère Étienne m'accompagne au magasin de jouets. Dans le rayon « passe-temps et bricolage », nous trouvons du balsa, un bois très léger. J'en achète quatre tiges ainsi qu'un tube de colle forte pour assembler le squelette de mon cerf-volant. Une pelote de ficelle solide complète mes achats.

Ma sœur Julie m'apporte du papier pelure de son imprimerie. Il y en a de toutes les couleurs, des plus pâles aux plus foncées.

Le soir, j'étale tous ces objets sur le plancher de ma chambre. Sur une feuille de papier, je commence à dessiner des formes ; ensuite je fais mon choix de couleurs. Une demi-heure plus tard, mon idée est claire : mon cerf-volant sera composé de deux cubes reliés par une tige. Ce n'est pas très original, mais pour un premier bricolage de ce genre, ça m'apparaît suffisamment compliqué.

Sur les faces des cubes, je collerai des arbres très verts, des vagues très bleues, des nuages très blancs. La tige, elle, sera d'un rouge très vif.

Le lendemain matin, je verrouille la porte de ma chambre et j'entreprends le montage de mon cerf-volant. Malheureusement pour moi, personne ne doit m'aider : le règlement du concours l'interdit. À la fin de la matinée, j'ai terminé l'assemblage de mon «oiseau». Ça ne semble pas très solide mais c'est beau. Très beau même.

Pendant le repas, la colle sèche ; je peux donc tenter une première envolée dès le début de l'après-midi. Je préfère faire cet essai sans témoin : quand tout sera au point, j'inviterai le reste de la famille à venir applaudir mon succès.

À l'extérieur, un vent léger souffle. Plus j'approche du parc, plus j'ai hâte. Encore une fois, je regarde les immeubles ; leurs quatre étages me paraissent bien hauts, bien difficiles à atteindre.

Sur le gazon, j'étends dix mètres de ficelle. J'attache solidement mon cerf-volant et je retourne ramasser la pelote. Je la saisis d'une main et commence à courir.

— Arrête, Philippe! dit une voix.

C'est Virginie, une camarade de classe.

— Tu as oublié les papillons... dit-elle.

— Les papillons?

— Les boucles qu'on ajoute pour maintenir l'équilibre, précise-t-elle.

C'est vrai, j'ai oublié la longue queue sur mon lit. Assis sur un banc du parc, nous fabriquons ce complément indispensable avec des papiers trouvés dans une poubelle. Dix minutes plus tard, tout est prêt.

Pour m'aider, Virginie soulève mon cerf-volant et court les premiers mètres avec moi. Bien vite, une bourrasque s'empare de mon œuvre qui monte instantanément de quinze mètres.

— Continue de courir! me crie Virginie.

Je tourne la tête et je vois mon cerf-volant prendre encore plus d'altitude. À bout de souffle, je m'arrête. Je laisse le vent faire le reste. En quelques minutes, ma ficelle est à moitié déroulée et mon «oiseau» continue de monter.

Virginie et moi, nous sommes très surpris : tout se passe si facilement et si rapidement ! Soudain, sans prévenir, le vent devient plus fort et le ciel se couvre.

— Je devrais peut-être le ramener, dis-je en regardant vers les gros nuages gris.

— Oui, ce serait plus prudent, approuve ma compagne.

Des coups de vents violents compliquent ma tâche et je ne parviens pas à enrouler la ficelle. Encore une fois, Virginie me prête main forte. Elle réussit à tirer quelques mètres qu'elle laisse pendre par terre. Je pose mon pied dessus pour maintenir la ficelle en place ; ainsi, je peux l'enrouler plus facilement. C'est la bonne technique : avançant lentement, nous progressons constamment. Jusqu'à ce que j'écrase la ficelle sur un tesson de bouteille... Là c'est la catastrophe.

— **V**irginie, tiens-le bien... Le fil est coupé!

— Quoi? Qu'est-ce que j'ai fait? demande-t-elle, en ouvrant les mains comme pour plaider son innocence...

Tout comme mon cerf-volant, la ficelle nous échappe. Nous courons jusqu'à épuisement. Nous devons finalement nous résigner; il ne redescendra pas. Au lieu de perdre de l'altitude, il monte, monte, monte.

Atterrés, nous le suivons des yeux le plus longtemps possible.

Comme pour nous narguer, le cerf-volant danse dans le ciel : un demi-tour à gauche, un demi-tour à droite ; un peu plus haut, un peu plus bas...

Inquiet je ne sais plus où donner de la tête. Est-ce que je dois continuer d'espérer ou me mettre à pleurer ? Je piétine le gazon, rageur. Moi qui souhaitais le faire voler au-dessus des immeubles, je suis servi : mon beau cerf-volant survole actuellement la plus haute tour du quartier.

Tout à coup, il chute rapidement et s'écrase sur un toit.

— Viens! s'écrie Virginie en agrippant mon manteau.

Deux minutes plus tard, nous entrons dans l'édifice.

— Ça ressemble beaucoup à chez moi, dit Virginie. Je pense que je sais où se trouve l'accès du toit. Suis-moi.

Nous montons les marches quatre à quatre et nous arrivons à bout de souffle au dernier étage. La vue d'une porte tout au bout d'un escalier étroit réjouit Virginie.

— C'est là, dit-elle.

Évidemment, la porte est barrée. Virginie sort un petit morceau de carton rigide d'une de ses poches. Elle le glisse délicatement entre la porte et le cadre, vis-à-vis de la poignée ; en même temps, elle tire sur celle-ci et la porte s'ouvre comme par enchantement.

— Ce n'est pas la première fois que tu le fais...

— Ce n'est pas un reproche, j'espère, réplique-t-elle avec aplomb.

Nous nous précipitons sur les quelques marches qui mènent à une autre porte ouvrant sur le toit. Le vent fort nous l'arrache des mains.

Tout de suite, nous apercevons le cerf-volant immobilisé contre un muret. La poussée du vent semble l'y retenir.

Avec difficulté et beaucoup de précautions, nous nous approchons du cerf-volant qui paraît mal en point. Juste comme je vais le saisir, une rafale le déloge de son abri. Il commence à rouler vers le rebord du toit.

Virginie s'accroupit. Je devrais faire comme elle ; intrépide, je préfère poursuivre ma course. Alors, le vent me soulève et me projette un peu plus loin sur le toit. Comme mon cerf-volant je me mets à tourner au sol à grande vitesse. Bien vite, je me rends compte que moi aussi je me dirige vers l'abîme...

— *P*hilippe ! hurle Virginie.

Parvenu au bord du toit, je tournoie encore très vite. Je heurte le rebord et je tombe dans le vide...

Heureusement pour moi, mon manteau s'accroche entre deux feuilles de métal d'un solin qui recouvre la gouttière. Je regarde en bas et je panique : quelques passants, tout petits à mes yeux, me pointent du doigt ; dans la rue, des voitures s'arrêtent.

Je gesticule pour me retour-
ner face au mur et pour saisir la
gouttière. Mon manteau se dé-
chire. Je ne tiens plus que par
un fil.

— J'arrive, crie Virginie qui rampe sur le toit.

Stimulé par son cri, je tente un dernier effort. En tendant le bras, je réussis à mettre ma main gauche sur la gouttière. Je serre les doigts et pivote de façon à m'y cramponner des deux mains. Le danger est toujours là mais ma situation s'améliore.

Le métal rouillé me coupe la peau des doigts mais le désir de survivre l'emporte. J'appuie mon pied contre le mur pour m'aider et je me hisse de quelques centimètres. J'aperçois Virginie tout près. Je lui tends une main, et ne me retiens plus à la gouttière que par l'autre. Au même

instant j'entends une sirène :
des pompiers arrivent.

Virginie s'approche et prend ma main dans la sienne. Confiant, j'appuie mon avant-bras sur la gouttière et tente ainsi de me propulser sur le toit. Mais, la gouttière craque puis se casse complètement.

Mes pieds glissent le long de la brique et je me cogne durement le thorax sur le mur. Virginie ne peut retenir tout mon poids; elle lâche ma main qui effleure le solin en passant. Je me laisse tomber dans le vide...

*J*e m'éveille à l'hôpital. Autour de mon lit, il y a mes parents, mon frère Étienne, ma sœur Julie, Virginie et un homme que je ne connais pas. Dès que j'ouvre les yeux, ils parlent tous en même temps. On m'embrasse et on me caresse. C'est donc cela le ciel ?

Cependant je me rends compte de mon erreur quand Virginie me montre les restes de mon cerf-volant : un paquet de débris multicolores.

— Je ne suis pas mort ? dis-je très bas.

— Non, répond mon frère, tu es bien vivant.

— Et tu n'as rien de cassé, ajoute mon père.

— Juste une grosse peur, dit l'homme que je ne connais pas.

À mes yeux interrogateurs, ma mère répond :

— Ce monsieur est le pompier qui t'a sauvé. En arrivant sur les lieux, lui et ses confrères se sont précipités dans le logement du quatrième étage. Monsieur Leclerc a ouvert une fenêtre et il a tendu les bras pour t'attraper. Au même moment, tu es tombé dans ses bras. Une seconde de plus et c'était fini pour toi !...

Virginie prend ma main.

— Je vais essayer de recoller ton cerf-volant. La directrice de l'école m'a donné la permission de le faire.

— Ça ne marchera jamais. Regarde-le...

— Ça ne fait rien. J'ai le goût d'essayer.

*F*inalement, je n'ai rien remporté à ce concours. De toute façon, ça n'a plus d'importance. Ce qui compte pour moi maintenant c'est d'être bien vivant pour accompagner Virginie à la danse costumée clôturant le mois de l'environnement. Vous allez voir la tête des autres quand ils vont découvrir mon costume : je vais être déguisé en cerf-volant !...

FIN

Voilà, mesdames et messieurs les juges. Ici s'arrête mon texte pour le concours du plus gros mensonge. Il est un peu long, il y a beaucoup de détails, mais c'est voulu : je pense qu'ainsi rédigée, l'histoire est plus crédible. Vous pouvez tout vérifier : les cerfs-volants ne m'intéressent pas, je n'ai ni frère ni sœur et je ne connais aucune Virginie (mais j'aimerais bien ça !). J'espère remporter un prix. Merci.

Antoine Allaire
(mon vrai nom)

LE PLUS DE
Plus

Réalisation :
Denise Nadeau

Une idée de
Jean-Bernard Jobin
et Alfred Ouellet

Pour faciliter la lisibilité du texte, le masculin a été employé pour désigner les personnes. Les lectrices et les lecteurs sont invités à en tenir compte au cours de la lecture.

AVANT DE LIRE

Qui es-tu ? Qui seras-tu ?

Coche tes choix :

	J'aime	Je n'aime pas
1. Faire du ski		
2. Jouer au base-ball		
3. Lire		
4. Nager		
5. Aller au cinéma		
6. Faire de la gymnastique		
7. Regarder la télévision		
8. Faire de la bicyclette		
9. Écouter de la musique		
10. Apprendre de nouvelles choses		
11. Jouer aux échecs		
12. Danser		

	J'aime	Je n'aime pas
13. Jouer au hockey		
14. Marcher dans la nature		
15. Jouer avec des jeux vidéo		

Le cerf-volant

Vrai ou faux?

1. Il existe un seul modèle de cerf-volant.

2. Tous les cerfs-volants ont une queue.

3. Les matériaux utilisés pour faire un cerf-volant sont très variés.

4. La fabrication de certains cerfs-volants nécessite des travaux de couture.

5. La queue du cerf-volant est simplement décorative.

6. Il est impossible de construire de très gros cerfs-volants.

7. L'ascension d'un cerf-volant dépend uniquement de la puissance du vent.

8. Il n'y a pas de place pour l'imagination dans la fabrication d'un cerf-volant.

9. Les premiers cerfs-volants seraient nés il y a 2000 ans, en Chine.

Un cerf-volant de nuages

Il y a des nuages blancs et des nuages noirs, des nuages très hauts et des nuages près de nous. Chaque sorte de nuage porte un nom.

La queue de ce cerf-volant est constituée de quatre bandes. Sur chacune d'elles est inscrit le nom d'un nuage. À toi de le trouver. Mais attention! Le vent a mélangé les lettres.

```
R  S  U  T  S  A  T
S  I  C  R  R  U
B  U  M  S  I  N
C  L  U  U  M  S  U
```

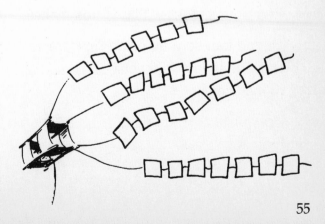

AS-TU BIEN LU ?

Les mots envolés

Toutes les phrases qui suivent sont tirées du texte. Il y a cependant un petit problème. Dans chacune d'entre elles, il manque un mot. Il s'est peut-être envolé. Peux-tu le retrouver ?

1. À l'école il y a partout de belles _____ colorées.

2. J'achète quatre tiges de bois léger ainsi qu'un tube de _____ forte.

3. Le soir j'étale tous les objets sur le _____ de ma chambre.

4. Sur les faces du cube je collerai des _____ très verts, des _____ très bleues, des _____ très blancs.

5. Quand tout sera au point, j'inviterai le reste de la famille à venir _____ mon succès.

6. J'ai oublié la longue_____ sur mon lit.

7. Soudain, sans prévenir, le vent devient plus fort et le _____ se couvre.

8. La _____ craque puis se casse complétement.

9. Monsieur Leclerc a tendu les _____ pour t'attraper.

10. Je n'ai rien_____à ce concours.

Le mini-mensonge

Antoine Allaire a inventé un gros mensonge. Cet exercice est rempli de mini-mensonges. Parmi les trois énoncés de chaque numéro, identifie le mini-mensonge.

1. a) Philippe a 10 ans.

   b) Il n'aime pas le chocolat.

   c) Il n'aime pas beaucoup l'école.

2. a) Philippe achète ses matériaux au magasin de jouets.

   b) Il achète de la colle, du balsa, des tiges et de la ficelle.

   c) Sa sœur lui apporte du tissu.

3. a) Il doit fabriquer son cerf-volant avec l'aide d'un ami.

   b) Son cerf-volant ne semble pas très solide.

   c) Il préfère faire sa première envolée tout seul.

4. a) Au parc, il ne rencontre personne.

   b) Quand il essaie son cerf-volant, le ciel se couvre et le vent est plus fort.

   c) Philippe écrase la ficelle sur un tesson de bouteille.

5. a) La ficelle du cerf-volant est coupée par un tesson de bouteille.

   b) Le cerf-volant revient au sol.

   c) Le cerf-volant survole l'immeuble le plus élevé du quartier.

Les phrases folles

Attache par une flèche le verbe avec le bon complément puis, écris la phrase qui convient à côté de chaque illustration.

1. Il applaudit   sa tête contre le mur

2. Il saisit   les comédiens

3. Il appuie   le bras de son ami

_____

_____

_____

_____

_____

_____

_____

_____

_____

Les expressions

Les expressions suivantes se retrouvent toutes dans le texte. Pour connaître leur signification, associe un chiffre et une lettre.

1. Hors d'haleine

2. Mal en point

3. Ne plus savoir où donner de la tête

4 À bout de souffle

5. Prêter main-forte

6. Tenir à un fil

a. Aider

b. Essouflé

c. Être en mauvaise posture ou en mauvais état

d. Être dans une situation extrêmement difficile

e. Ne plus savoir quoi faire

f. Épuisé

JEUX

Un petit mot dans un plus grand mot

Les mots en caractères **gras** contiennent tous le même petit mot. Trouve ce petit mot et encercle-le.

1. Un ensemble de panneaux mobiles servant à cacher, isoler ou protéger est un **paravent**.

2. Les narines d'une baleine s'appellent des **évents**.

3. Un instrument qu'on agite devant soi pour faire un peu de vent est un **éventail**.

4. Un étalage extérieur de marchandises est un **éventaire**.

5. Quelque chose qui a perdu son goût est **éventé**.

6. Un appareil servant à rafraîchir l'air est un **ventilateur**.

7. Une abeille qui bat des ailes à l'entrée d'une ruche pour changer l'air est une **ventileuse**.

8. Un volet extérieur qui protège la fenêtre des intempéries est un **contrevent**.

V'là l'bon vent, v'là l'joli vent

1. L'instrument qui mesure la vitesse du vent s'appelle
   a) un baromètre   b) un anémomètre
   c) un thermomètre

2. L'instrument qui indique la direction du vent et qu'on peut apercevoir souvent au sommet d'un clocher est
   a) une girouette   b) une éolienne
   c) un hygromètre

3. Une machine moderne qui capte l'énergie du vent est
   a) une éolienne   b) un ventilateur
   c) un paravent

4. Un vent léger est
   a) une ventouse   b) une tornade
   c) une brise

5. Un coup de vent assez fort et de courte durée est
   a) un moulin à vent   b) un typhon
   c) une bourrasque

6. Le vent des montagnes Rocheuses est
   a) le sirocco   b) le chinook
   c) la tramontane

7. Le vent violent, chaud et sec, qui souffle dans le désert est
   a) le cerf-volant   b) le tonnerre
   c) le simoun

8. Le roi du vent dans la mythologie grecque s'appelait
   a) Éole   b) François
   c) Soleil

CONCOURS

Voici un texte de l'auteur, Paul de Grosbois, qui aime décidément beaucoup les concours... lis-le attentivement.

« Un jour, devant le centre de loisirs, je vois une affiche : « CONCOURS DE LA PLUS GROSSE BULLE ». L'épreuve est à 2 heures de l'après-midi et il reste seulement 5 minutes. Je me précipite chez le dépanneur le plus proche et j'achète trois paquets de gomme à mâcher Boubabou : elle fait de grosses bulles et, en plus, elle ne colle pas à la figure en éclatant !... Je retourne en vitesse au centre de loisirs et je m'inscris.

J'arrive juste à temps. Tous les autres concurrents et concurrentes sont assis par terre et forment un grand cercle. Je me faufile discrètement et je m'installe entre un grand brun et une fille à lunettes. Au même instant, l'animateur lance : « Allez-y ». Là, je ne comprends plus rien ; avec empressement, mes adversaires sortent un petit contenant, dévissent le bouchon et en sortent une tige en plastique sur laquelle ils soufflent sans arrêt. Je comprends alors que je me suis inscrit à un concours de bulles de savon... Si en même temps il y avait une compétition pour « l'air le plus ahuri », j'aurais facilement le premier prix.

1. Trouve dans le texte un mot de la même famille
   ex : un compétiteur – une compétition
   a) une inscription
   b) arrêter

2. Trouve au moins 5 mots que l'on peut entendre souvent lors d'un concours.

3. Trouve dans le texte un mot qui signifie
   a) le visage
   b) sur le plancher
   c) très surpris

4. Trouve dans ton dictionnaire 2 mots de la même famille que
   a) mensonge
   b) peur

Des comparaisons

Tu es meilleur que moi... Elle est meilleure que toi... Je suis plus grand qu'elle... Elle est plus petite que lui... Je suis plus forte que toi... Tes pieds sont plus longs que les miens...

Sans cesse, nous faisons des comparaisons. En voici d'autres. À toi de dire « quoi » ou « qui » est plus ou moins quelque chose que l'autre... Regarde bien les images.

1. Un arbre est plus grand que l'autre. Lequel ?

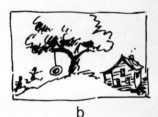

a

b

2. Une baguette est moins longue que l'autre. Laquelle ?

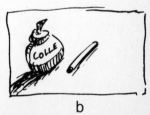

a

b

3. Un cerf-volant est plus petit que l'autre.
   Lequel?

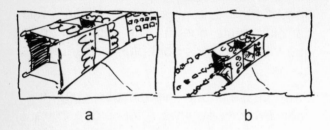

a   b

4. Un immeuble est moins haut que
   l'autre. Lequel?

a   b

Les Solutions

Le cerf-volant

Vrai ou faux

1. Faux. Il existe plusieurs modèles de cerfs-volants.
2. Faux. Certains n'en ont pas. Mais ils ont des « nageoires » ou de « petites ailes » qui permettent de mieux les diriger et de les stabiliser.
3. Vrai. On peut utiliser des papiers, différentes étoffes, du plastique, du nylon, etc.
4. Vrai.
5. Faux. La queue sert à maintenir le cerf-volant en équilibre, à le stabiliser.
6. Faux.
7. Faux. Il faut tenir compte de la direction du vent.
8. Faux. On peut imaginer une gamme infinie de cerfs-volants; certains cerfs-volants sont de véritables œuvres d'art.
9. Vrai.

Un cerf-volant de nuages

Stratus   Cirrus
Nimbus   Cumulus

Les mots envolés

1. affiches
2. colle
3. plancher
4. arbres, vagues, nuages
5. applaudir
6. queue
7. ciel
8. gouttière
9. bras
10. remporté

Le mini-mensonge

1. b; 2. c; 3. a; 4. a; 5. b.

Les phrases folles

1. Il applaudit les comédiens.
2. Il saisit le bras de son ami.
3. Il appuie sa tête contre le mur.

Les expressions

1. b; 2. c; 3. e; 4. f; 5. a; 6. d.

Un petit mot dans un plus grand mot

Le mot VENT est contenu dans tous les mots soulignés.

V'là l'bon vent, v'là l'joli vent

1. b; 2. a; 3. a; 4. c; 5. c; 6. b; 7. c; 8. a.

Concours

1. a) inscrit b) arrêt
2. épreuves – concurrents – compétiteurs – adversaires
   – compétition – prix – animateur – inscrit
3. a) la figure b) par terre c) ahuri
4. a) menteur – menteuse – mentir
   b) peureux – peureuse – apeurer

Des comparaisons

1. b) est plus grand que a)
2. b) est moins longue que a)
3. b) est plus petit que a)
4. a) est moins haut que b)

Dans la même collection

---

* Texte également enregistré sur cassette.